LES ARBRES

Nicole Bustarret
Illustrations de Catherine Fichaux

MILAN
jeunesse

SOMMAIRE

LES ARBRES DES FORÊTS

LES ARBRES DES CHAMPS ET DES HAIES

LES ARBRES DES PARCS ET DES JARDINS 33

49 LES ARBRES DU MIDI

COMMENT UTILISER CE GUIDE ?

Pars à la découverte des arbres grâce à ce guide ! Il t'ouvre les portes d'un monde fascinant peuplé de plantes hors du commun, souvent gigantesques. Place-toi au pied d'un peuplier et lève la tête. On croirait que sa cime touche les nuages…

Dans cet ouvrage, les arbres sont classés en quatre groupes, selon l'endroit où tu les trouveras le plus facilement : dans les forêts, dans la campagne et le long des haies, dans les parcs et les jardins, et dans le Midi où poussent des espèces particulières.

UN TRAVAIL DE DÉTECTIVE

Pour reconnaître un arbre, observe son allure générale, la disposition de ses branches, la forme de son tronc, la couleur de son écorce, la forme de ses feuilles, de ses fleurs, de ses fruits… Ton guide t'aidera en te montrant pour chaque espèce une branche avec les feuilles, la silhouette de l'arbre et quelques détails importants.

LES FEUILLES EN HIVER

La plupart des arbres d'Europe perdent leurs feuilles chaque année en automne : on dit qu'ils ont des feuilles caduques. D'autres arbres restent verts, hiver comme été : ils ont des feuilles persistantes. Les feuilles persistantes vivent plusieurs années avant de mourir, et elles ne tombent pas toutes en même temps.

Pour chaque arbre, tu trouveras…

Le guide précise aussi si l'arbre renferme dans son bois, ses feuilles ou ses fruits, une substance **TOXIQUE** (du poison) pour les hommes ou les animaux.

L'ARBRE À LA LOUPE

L'arbre est composé de plusieurs parties, de la cime aux racines. Voici les principaux termes qui te permettront de les distinguer.

LA COURONNE OU HOUPPIER

Elle est formée de la ramure (ensemble des branches et des rameaux) et du feuillage. La cime est au sommet de l'arbre.

LE TRONC

Il supporte l'ensemble des branches. La partie du tronc située entre le sol et les premières branches s'appelle le fût.

LES RACINES

Elles se trouvent sous terre où elles puisent l'eau et les éléments nutritifs dont l'arbre a besoin pour vivre. Leur volume est aussi important que celui des branches.

L'ÉCORCE

Elle protège le tronc et les rameaux. Elle est lisse lorsque l'arbre est jeune, puis elle se fissure en vieillissant. Sa couleur et la forme des fissures diffèrent selon les arbres.

LES FEUILLES

Le limbe est la partie verte et plate de la feuille, qui est attachée au rameau par le pétiole. Les nervures, formées de vaisseaux, transportent la sève qui nourrit l'arbre.

LES FEUILLES ET LES FLEURS

Il existe différentes variétés de feuilles, de la simple forme ovale à la forme en aiguille. Les fleurs réservent aussi bien des surprises. Certaines sont si petites qu'un œil non averti les distingue difficilement.

LES DIFFÉRENTES SORTES DE FEUILLES

Pour reconnaître un arbre, tu peux observer la position des feuilles sur le rameau.

feuilles alternes, isolées une par une sur le rameau

feuilles opposées, attachées l'une en face de l'autre sur le rameau

Les feuilles simples sont faites d'une seule pièce.

feuille simple à lobes aigus

feuille simple à bord denté

feuille simple à lobes arrondis

Les feuilles composées ont un limbe divisé en plusieurs folioles.

feuille pennée

feuille palmée

QU'ON SE LE DISE !

Les forêts sont le poumon de la Terre ! Il faut les protéger car, sans les arbres, nous n'aurions pas d'oxygène pour respirer.

Les feuilles peuvent aussi être en forme d'aiguilles ou d'écailles.

feuilles en aiguilles

fleur à pétales

chaton

LES DIFFÉRENTES SORTES DE FLEURS

Certains arbres ont des fleurs bisexuées bien visibles, avec des pétales. Beaucoup d'autres ont des fleurs femelles et mâles séparées. Elles sont très petites, nombreuses, regroupées en grappes que l'on appelle des chatons.

LES ARBRES DES FORÊTS

- L'ÉPICÉA
- LE SAPIN PECTINÉ
- LE MÉLÈZE
- LE PIN CEMBRO
- LE BOULEAU VERRUQUEUX
- L'AULNE GLUTINEUX
- LE TREMBLE
- LE CHARME
- LE HÊTRE
- LE CHÊNE PÉDONCULÉ
- LE CHÂTAIGNIER
- L'ORME
- L'ÉRABLE SYCOMORE

L'ÉPICÉA

Picea abies

C'est un géant des montagnes, il dépasse parfois 50 m de haut ! Sa cime est pointue, il ressemble beaucoup au sapin mais tu le reconnaîtras sans te tromper à ses cônes qui pendent vers le bas, et à ses aiguilles piquantes.

- Famille des pinacées
- Aiguilles persistantes
- Hauteur : 40 à 50 m
- Âge : 300 à 400 ans (jusqu'à 700 ans)

On lui donne aussi le nom de « pesse ».
Une forêt d'épicéas s'appelle une pessière.

L'ARBRE À POIX

Son nom savant vient du latin *pix* qui signifie « poix ». Comme tous les conifères, il donne de la résine qui s'accumule dans les fissures de l'écorce. Goûte-la : on dirait du chewing-gum !

ARBRE DE NOËL

Les épicéas sont cultivés pour faire des arbres de Noël : leur forme en cône est parfaite, mais hélas, ils perdent vite leurs aiguilles lorsqu'ils sont coupés.

J F M A M J J A S O N D

- Forêts
- Montagnes, planté en plaine

LE SAPIN PECTINÉ

Abies alba

À l'inverse de l'épicéa, qui a des cônes pendants, le sapin porte ses cônes dressés vers le haut. Ses aiguilles ne sont pas piquantes et forment 2 rangées de chaque côté des rameaux, un peu comme les dents d'un peigne.

- Famille des pinacées
- Aiguilles persistantes
- Hauteur : 40 à 50 m
- Âge : 200 à 300 ans (jusqu'à 500 ans)

Son écorce gris argenté est lisse quand il est jeune.

C'est le plus grand arbre d'Europe : certains spécimens atteignent 60 m de haut !

SOUS LA NEIGE

Les grosses chutes de neige ne lui font pas peur ! Grâce à ses aiguilles souples et à sa forme en pointe, elle peut glisser sans casser les branches.

LE ROI DES FORÊTS

Il est abondant dans les forêts de montagne, surtout dans les Vosges, le Jura et les Pyrénées. Il porte aussi le nom de sapin blanc ou sapin argenté en raison de la couleur de son écorce.

- Forêts
- Montagnes jusqu'à 1 800 m

LE MÉLÈZE

Larix decidua

Dans nos pays, c'est le seul conifère qui perde ses aiguilles en hiver ! Tu as l'impression que l'arbre est mort, mais au printemps, il se couvre à nouveau de touffes d'aiguilles fines et molles, d'un joli vert clair.

- Famille des pinacées
- Aiguilles caduques
- Hauteur : 35 à 40 m
- Âge : 250 à 400 ans

Un dicton affirme : « Méfiez-vous du mélèze pendant l'orage, il attire la foudre... » Méfie-toi aussi des autres arbres !

FORÊT PROTECTRICE

Grâce à ses racines puissantes, le mélèze résiste même aux avalanches. Il s'installe sans problème sur les pentes raides, où il forme une excellente protection contre les chutes de pierres et les coulées de neige.

UN MONTAGNARD

Il est originaire des Alpes, où il grimpe à plus de 2 500 m d'altitude. Il prospère également dans les Pyrénées où on l'a implanté, et tu en verras parfois en plaine.

En automne, les aiguilles prennent une belle couleur rousse avant de tomber.

J F M A M J J A S O N D

- Forêts ou éboulis
- Montagnes jusqu'à 2 500 m

LE PIN CEMBRO

Pinus cembra

Très résistant au froid, à la neige et au vent, le pin cembro pousse dans les Alpes, entre 1 500 et 2 800 m d'altitude. Il a un tronc droit ou tordu et des branches redressées. Il est le seul à avoir de longues aiguilles groupées par 5 : tu ne peux pas le confondre avec un autre pin.

- Famille des pinacées
- Aiguilles persistantes
- Hauteur : 15 à 25 m
- Âge : 600 à 700 ans

DES AIGUILLES RÉSISTANTES

Ses aiguilles vert foncé sont recouvertes d'une couche de cire, ce qui limite la transpiration : il peut vivre dans des endroits très secs. Elles tombent au bout de 6 ans environ.

OISEAU CASSE-NOIX

Le casse-noix moucheté, un oiseau qui raffole des pignes, casse les cônes tombés sur le sol avec son bec. Il fait des réserves et enfouit les graines dans le sol où elles germent pour donner de nouveaux pins.

Le pin cembro s'appelle aussi arolle. Ses graines brun-rouge, ou pignes, sont comestibles.

J F M A M J J A S O N D

- Isolé ou en forêt
- Hautes montagnes jusqu'à 2 800 m

LE BOULEAU VERRUQUEUX

Betula pendula

Le bouleau est très gracieux avec son feuillage léger, ses branches courbées vers le sol et son écorce d'un blanc argenté qui se détache en bandes minces. Tu le trouveras un peu partout, parfois en compagnie des chênes, en plaine ou en montagne, sauf au bord de la Méditerranée.

- Famille des bétulacées
- Feuilles caduques
- Hauteur : 20 à 25 m
- Âge : moins de 100 ans

Une forêt de bouleaux s'appelle une bétulaie.

L'ARBRE À VERRUES

Regarde bien ses rameaux : ils présentent des sortes de verrues blanchâtres, d'où son nom de « bouleau verruqueux ».

UN PIONNIER

Il aime la lumière, n'a pas peur du froid et s'installe dans les landes et les éboulis. Il prépare le terrain pour une nouvelle forêt ! Mais il ne vit pas vieux, et il sera bientôt remplacé par d'autres arbres.

Autrefois, on utilisait l'écorce de bouleau pour écrire.

J F M A M J J A S O N D

- Sols non cultivés, forêts claires, parcs et jardins
- Plaines et montagnes, jusqu'à 2 300 m

L'AULNE GLUTINEUX

Alnus glutinosa

C'est un pionnier qui supporte les climats rudes et s'installe avant d'autres arbres sur les sols pauvres, à condition qu'il y trouve suffisamment d'eau : tu en verras souvent le long des ruisseaux. Regarde ses feuilles : elles sont arrondies, avec un sommet plat, irrégulier, comme s'il était déchiré.

- Famille des bétulacées
- Feuilles caduques
- Hauteur : 25 à 30 m
- Âge : 80 à 100 ans

Dans certaines régions, l'aulne s'appelle verne ou vergne, un nom d'origine gauloise.

GRAINES VOYAGEUSES

Les cônes ressemblent à de minuscules pommes de pin qui libèrent de petites graines ailées : elles flottent sur l'eau, ou sont emportées par le vent, permettant à l'aulne de gagner du terrain.

DÉCORATION D'HIVER

Les feuilles de l'aulne tombent à l'automne alors qu'elles sont encore vertes mais ses cônes brun-rouge restent accrochés aux branches tout l'hiver.

« Glutineux » signifie poisseux : il porte ce nom car ses jeunes feuilles sont un peu collantes.

J F M A M J J A S O N D

- Bois et prairies humides, le long des cours d'eau
- Plaine et montagne

LE TREMBLE

Populus tremula

C'est le seul arbre de la famille des peupliers qui pousse en forêt. Il a des feuilles arrondies, au bord crénelé, qui s'agitent à la moindre brise : on dirait qu'il tremble, d'où son nom.

- Famille des salicacées
- Feuilles caduques
- Hauteur : 20 à 30 m
- Âge : 80 à 100 ans

Son bois blanc et léger sert à faire des allumettes et de la pâte à papier.

AMI DU BOULEAU

Tu le trouveras plutôt en lisière des forêts et dans les clairières, souvent en compagnie du bouleau et du noisetier.

COMME DES RIDES

Le tremble a une écorce lisse et gris clair lorsqu'il est jeune. Elle devient plus foncée et se craquelle lorsqu'il vieillit.

Les trembles des montagnes sont plus droits et minces que les trembles des plaines, et ils vivent plus vieux. Leur bois est de meilleure qualité.

J F M A M J J A S O N D

- Haies, forêts, clairières, le long des cours d'eau
- Plaines et montagnes

LE CHARME

Carpinus betulus

Le charme n'est pas très grand et se plaît en forêt, à l'ombre des chênes et des hêtres. Dans la nature, il étale sa couronne de feuillage assez largement, mais il se taille très bien et on l'utilise dans les jardins pour faire des haies.

- Famille des corylacées
- Feuilles caduques
- Hauteur : 20 à 25 m
- Âge : 100 ans

Ce n'est pas un montagnard. Tu ne le trouveras qu'en plaine ou sur les collines.

FEUILLES D'HIVER

Ses feuilles ovales et finement dentées ont des nervures bien marquées, ce qui leur donne un aspect gaufré. En hiver, elles se dessèchent mais restent accrochées aux branches.

Son bois brûle bien. Il est très dur, on l'utilise pour faire des jeux, des outils, des établis et des étals de boucher.

CHARMANTES CHARMILLES

Les charmes se taillent en haies, en voûtes, en labyrinthes : ce sont les charmilles, qui étaient à la mode autrefois dans les jardins.

- Forêts, haies, parcs et jardins
- Plaines et montagnes jusqu'à 1 000 m

LE HÊTRE

Fagus sylvatica

Ces grands arbres, que l'on appelle aussi fayards, sont très répandus dans les forêts. Ils sont majestueux avec leur tronc droit comme une colonne et leur feuillage dense, porté par de grosses branches dressées.

- Famille des fagacées
- Feuilles caduques
- Hauteur : 30 à 40 m
- Âge : 150 à 300 ans

LES FAINES

Ses fruits, ou faines, sont des graines riches en huile, protégées par une coque hérissée de pointes molles. C'est le régal des écureuils, des mulots et des pinsons.

Dans les forêts des plaines, les hêtres font bon ménage avec les chênes. En montagne, tu les trouveras plutôt en compagnie des sapins.

OBSERVE SES FEUILLES

Les feuilles du hêtre sont bordées de poils fins quand elles sont jeunes : ce détail te permettra de ne pas les confondre avec celles du charme, auxquelles elles ressemblent beaucoup.

J F M A M J J A S O N D

- Forêts
- Plaines et montagnes jusqu'à 1 500 m

LE CHÊNE PÉDONCULÉ

Quercus robur

C'est le roi des forêts mais tu le trouveras également isolé, en bordure des champs, car il aime la lumière et a besoin de place pour étaler sa ramure puissante. Son tronc assez court peut atteindre 3 m de diamètre.

- Famille des fagacées
- Feuilles caduques
- Hauteur : 35 à 40 m
- Âge : 400 à 500 ans, et plus

Une plantation de chênes s'appelle une chênaie ou une rouvraie.

Son tronc est massif et ses branches puissantes.

LES GLANDS

Ses fruits sont bien connus des enfants : ce sont les glands, enfoncés dans une cupule écailleuse. Ils sont portés par un long pédoncule, d'où son nom de chêne pédonculé.

ARBRE ROYAL

Arbre sacré au temps des druides, arbre royal car Saint Louis, dit-on, rendait la justice assis sous un chêne, il est très prisé des charpentiers et des menuisiers. Son bois servait autrefois à construire des navires.

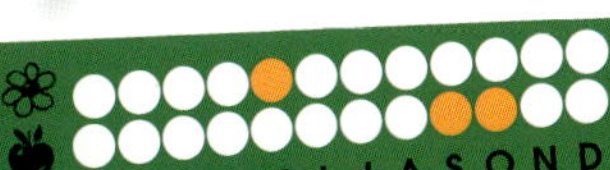

- Isolé ou en forêt
- Plaines et montagnes jusqu'à 1 000 m

LE CHÂTAIGNIER

Castanea sativa

Cultivés pour leurs fruits, les châtaigniers forment de véritables forêts en Corse. Majestueux avec leur tronc puissant et leur feuillage épais, ils poussent aussi bien en plaine qu'en montagne, à moins de 1 000 m d'altitude.

- Famille des fagacées
- Feuilles caduques
- Hauteur : 25 à 30 m
- Âge : plus de 500 ans

Son écorce brune présente des crevasses verticales.

RECORD MONDIAL

Le plus gros châtaignier du monde se trouvait en Sicile : il était vieux de plus de 2 500 ans et son tronc mesurait 68 m de circonférence. Un record !

Ce sont les Romains qui ont introduit les châtaigniers en France.

ARBRE À PAIN

Grillées, bouillies, en purée ou en pain, les châtaignes sont délicieuses et très nourrissantes. Jadis, en période de famine, c'était un aliment précieux !

J F M A M J J A S O N D

- Bois et forêts, régions tempérées
- Plaines et montagnes jusqu'à 1 000 m

L'ORME

Ulmus procera

L'orme, ou ormeau, est un arbre des forêts mais tu le trouveras également en bordure des champs ou dans les villes. C'est le roi Henri IV qui décida de faire planter cet arbre au feuillage irrégulier le long des routes et sur les places.

- Famille des ulmacées
- Feuilles caduques
- Hauteur : 20 à 35 m
- Âge : 300 à 400 ans

D'abord lisse, son écorce brun-gris devient très crevassée en vieillissant.

Les 2 parties du limbe ne démarrent pas au même niveau sur le pétiole.

PLUS FORTS QUE LA MALADIE

Les ormes ont été atteints par une épidémie due à un champignon qui a failli les faire disparaître. Ils semblent avoir surmonté la maladie... Espérons qu'ils vont à nouveau prospérer !

Au Moyen Âge, on rendait la justice sous l'orme planté sur la place des villages.

BELLES COULEURS

Rose lorsqu'il est en fleur, vert-jaune dès que les fruits se forment, puis vert foncé à la sortie des feuilles et jaune vif en automne, l'orme passe par toutes les couleurs !

J F M A M J J A S O N D

- Bois et forêts, haies et villes
- Plaines

L'ÉRABLE SYCOMORE

Acer pseudoplatanus

Avec son abondant feuillage, il est parfois plus large que haut ! Tu le trouveras dans toutes les montagnes et sur les collines, souvent en compagnie des hêtres et des sapins. On le plante dans les parcs et le long des routes.

- Famille des acéracées
- Feuilles caduques
- Hauteur : 30 à 35 m
- Âge : 300 à 400 ans

feuille formée de 3 ou 5 lobes à grosses dents

Son écorce grise se craquelle en petites plaques.

Les feuilles sont opposées 2 à 2.

Son bois blanc est assez dur et sert à fabriquer des instruments de musique. Autrefois, on en faisait aussi des sabots.

MAL NOMMÉ

On l'appelle « érable sycomore », mais le sycomore est un figuier qui n'a rien à voir avec lui, ou « faux platane » à cause de ses feuilles. Le nom qui lui convient le mieux est « érable de montagne ».

GÉANT

C'est le plus grand des érables, par la taille, par la largeur du tronc, par l'épaisseur du feuillage, et c'est celui qui vit le plus vieux.

Réunies 2 par 2, les graines ailées forment un accent circonflexe.

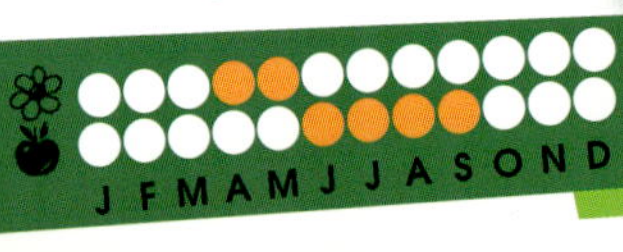

- Bois, haies
- Montagnes jusqu'à 1 800 m, planté en plaine

LES ARBRES DES CHAMPS ET DES HAIES

- LE THUYA
- LE NOISETIER
- LE PEUPLIER
- L'ÉRABLE CHAMPÊTRE
- LE FRÊNE
- LE TROÈNE
- LE SORBIER DES OISELEURS
- LE PRUNELLIER
- L'AUBÉPINE
- LE SUREAU NOIR
- LE FUSAIN

LE THUYA

Thuya occidentalis

On le plantait autrefois dans les cimetières car il est toujours vert et il vit très vieux. Il se taille bien, on l'utilise souvent pour faire des haies dans les jardins. Regarde ses rameaux aplatis et légèrement pendants : ils sont couverts d'écailles vertes, ce sont ses feuilles.

- Famille des cupressacées
- Feuilles persistantes
- Hauteur : 10 à 15 m
- Âge : plusieurs siècles

TOXIQUE

Son écorce est brun orangé, fendillée dans la longueur.

Les Indiens du Canada l'appellent « arbre de vie », à cause de son feuillage persistant.

FEUILLES ODORANTES

Observe de près les écailles vertes : elles portent une glande bien visible, qui contient une substance résineuse parfumée. Attention, elles sont toxiques !

VENU D'AMÉRIQUE

Le thuya est un arbre américain. Jacques Cartier l'a introduit en France, au retour de son premier voyage au Canada.

J F M A M J J A S O N D

- Haies des jardins et cimetières, ou isolé
- Plaines et montagnes

LE NOISETIER

Corylus avellana

Le noisetier, ou coudrier, est un arbrisseau qui peut atteindre une belle taille. Il est formé de nombreuses tiges droites, souples lorsqu'elles sont jeunes, formant une haie épaisse. C'est l'arbre préféré des écureuils… et des enfants gourmands !

- Famille des bétulacées
- Feuilles caduques
- Hauteur : 4 à 5 m
- Âge : 30 à 50 ans

L'écorce est brune et lisse.

LES FLEURS

À la fin de l'hiver, le noisetier se couvre de longs chatons jaune vif : ce sont les fleurs mâles. Les fleurs femelles, qui donneront les noisettes, sont minuscules et peu visibles.

Chaque tige du noisetier vit environ 30 ans, puis elle meurt. Mais elle est aussitôt remplacée par des rejets vigoureux, qui donneront de nouveaux troncs.

OUVRE LES YEUX !

La feuille du noisetier et celle de l'aulne ont la même forme arrondie. Pour les distinguer, regarde leur sommet : il est pointu chez le noisetier, plat ou en creux chez l'aulne.

Son nom savant, *Corylus* (« capuchon » en grec), vient de la forme de la cupule verte qui recouvre la noisette.

J F M A M J J A S O N D

- Haies le long des chemins et des cours d'eau, taillis
- Plaines et montagnes

LE PEUPLIER

Populus nigra

Il pousse le long des ruisseaux, dans les plaines humides et en montagne jusqu'à 1 800 m. Tu verras parfois des rangs de peupliers bien alignés au bord de l'eau : c'est une peupleraie. Son bois sert à fabriquer des cageots et des allumettes.

- Famille des salicacées
- Feuilles caduques
- Hauteur : 20 à 30 m
- Âge : 150 à 200 ans

Son écorce brun-gris est très fissurée.

M. ET MME PEUPLIER

Il y a des peupliers mâles, dont les chatons produisent du pollen, et des peupliers femelles, dont les chatons donneront des graines cotonneuses emportées par le vent.

Il porte d'autres noms : liard, piboule, bioulade, peuplier franc, peuplier charpe.

AS DE PIQUE

Ses feuilles en losange ressemblent à un as de pique. Tu reconnaîtras aussi le peuplier à sa forme en fuseau, et à ses branches qui montent verticalement depuis le bas du tronc.

Les enfants font des pipeaux en bois de peuplier.

J F M A M J J A S O N D

- Sols humides, bord des routes, haies
- Plaines et montagnes jusqu'à 1 800 m

L'ÉRABLE CHAMPÊTRE

Acer campestre

Il s'appelle « champêtre » parce qu'il pousse surtout à la campagne, en plaine. Il est plutôt petit pour un arbre. Tu en verras souvent au bord des chemins ou formant des haies. Ses feuilles roses au printemps, d'un vert assez terne en été, prennent une belle couleur jaune d'or à l'automne.

- Famille des acéracées
- Feuilles caduques
- Hauteur : 12 à 15 m
- Âge : 100 à 120 ans

Son bois compact est utilisé pour faire des instruments de musique et des manches d'outils.

SON FRUIT

Comme chez tous les érables, son fruit est formé de 2 graines prolongées par des ailes. Ici, les deux ailes, teintées de rouge, forment une ligne droite.

ES-TU OBSERVATEUR ?

Regarde attentivement les rameaux : ils sont fins, nombreux, et portent parfois des bourrelets de liège.

	J	F	M	A	M	J	J	A	S	O	N	D
Fleurs					●							
Fruits						●	●	●	●			

- Taillis, haies le long des chemins, forêts
- Plaines et montagnes

LE FRÊNE

Fraxinus excelsior

Il est grand, élancé, et dégage une impression de puissance malgré son feuillage léger. Regarde ses feuilles, divisées en folioles minces et dentées : elles peuvent mesurer jusqu'à 30 cm de long. Ses fruits, munis d'une aile, pendent en grappes épaisses.

- Famille des oléacées
- Feuilles caduques
- Hauteur : 30 à 40 m
- Âge : 150 à 200 ans

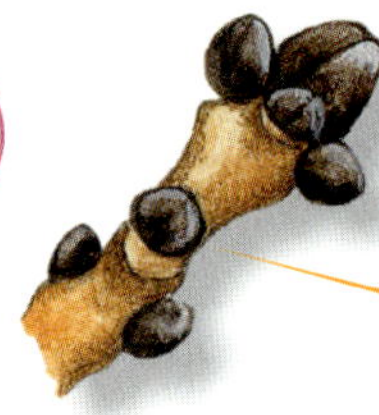

UN PARESSEUX ?

Il est le dernier à sortir ses feuilles au printemps, et le premier à les perdre, alors qu'elles sont encore vertes. Les folioles se détachent d'abord, les pétioles tombent plus tard. Tu reconnaîtras le frêne aux tiges nues qui jonchent le sol en hiver.

C'est un arbre résistant à la pollution, que l'on plante souvent dans les villes.

Sa longue feuille est divisée en folioles.

Un bois de frênes s'appelle une frênaie.

BON À MANGER

C'est une nourriture précieuse pour les oiseaux car ses graines restent accrochées à l'arbre une partie de l'hiver. Autrefois, on donnait ses feuilles en fourrage aux animaux.

J F M A M J J A S O N D

- Pâturages, bord des cours d'eau, bois, villes
- Plaines et montagnes jusqu'à 1 500 m

LE TROÈNE

Ligustrum vulgare

Le troène est un arbrisseau planté depuis des siècles pour former des haies. Ses rameaux flexibles sont utilisés en vannerie. Tu le reconnaîtras à ses petites feuilles au bord lisse, opposées 2 à 2 sur la tige, et à ses pyramides de fleurs blanches.

- Famille des oléacées
- Feuilles en partie persistantes
- Hauteur : 2 m
- Âge : quelques dizaines d'années

DISCRÈTES

Regarde de près ses fleurs, petites et discrètes mais si jolies avec leur corolle en entonnoir et leurs 4 pétales en croix. De plus, elles sentent bon !

EN HIVER

Le troène garde ses feuilles une grande partie de l'hiver, ainsi que ses baies noires. N'y touche pas : elles sont toxiques.

Son nom savant, *Ligustrum*, vient du latin *ligare* (« attacher »), car on faisait des liens avec ses tiges souples.

TOXIQUE

J F M A M J J A S O N D

- Haies, bois
- Plaines et collines jusqu'à 800 m

LE SORBIER DES OISELEURS

Sorbus aucuparia

Le sorbier est un montagnard qui n'a pas peur des grands sommets : tu peux en trouver à plus de 2 000 m d'altitude ! Mais il n'est pas difficile et pousse aussi en plaine, à condition d'avoir beaucoup de lumière. Et il est si joli qu'on le plante souvent dans les jardins.

L'écorce est lisse, gris clair avec des traits bruns.

- Famille des rosacées
- Feuilles caduques
- Hauteur : 10 à 15 m
- Âge : environ 100 ans

COULEURS D'AUTOMNE

Les feuilles, formées de 5 à 9 paires de folioles, sortent tôt en avril. Elles prennent à l'automne de belles couleurs jaunes ou rouges.

Le bois du sorbier est facile à sculpter.

LE RÉGAL DES OISEAUX

Ses petits fruits rouges s'appellent des sorbes et sont très riches en vitamines. Ils restent accrochés à l'arbre en hiver, c'est une nourriture précieuse pour les oiseaux !

Les braconniers utilisaient les baies du sorbier pour attirer les oiseaux dans leurs pièges.

J F M A M J J A S O N D

- Clairières, bord des chemins, jardins
- Plaines et montagnes jusqu'à 2 000 m

LE PRUNELLIER

Prunus spinosa

Qui s'y frotte s'y pique ! Le prunellier, ou épine noire, est un arbrisseau aux rameaux enchevêtrés, munis de piquants redoutables. Autrefois, on l'utilisait pour faire des haies efficaces : les vaches évitaient de s'en approcher !

- Famille des rosacées
- Feuilles caduques
- Hauteur : 2 à 4 m
- Âge : 50 ans

EN CONFITURE

Son fruit fait penser à une petite prune bleu-noir, d'où le nom de prunelle. Inutile d'y goûter, la prunelle crue est âpre et très acide, mais on en fait de bonnes liqueurs et des confitures.

FLEURS À MIEL

Au printemps, avant l'apparition des feuilles, il se couvre de bouquets de petites fleurs blanches très parfumées. Les abeilles les butinent pour en faire du miel.

Son bois très dur servait à faire des cannes.

J F M A M J J A S O N D

- Haies, taillis, bord des chemins
- Plaines et montagnes

L'AUBÉPINE

Crataegus monogyna

Au printemps, l'aubépine est magnifique avec sa multitude de fleurs blanches ou roses parfumées et ses feuilles brillantes joliment découpées. À l'automne, elle se couvre de fruits rouges qui restent accrochés aux rameaux une partie de l'hiver.

- Famille des rosacées
- Feuilles caduques
- Hauteur : 4 à 7 m
- Âge : jusqu'à 50 ans

Les fleurs blanches aux étamines rouges se présentent par bouquets de 9 à 18 fleurs.

LE SAVAIS-TU ?

Les fruits de l'aubépine s'appellent des cenelles. Ils n'ont pas d'intérêt pour l'homme mais ils sont appréciés des oiseaux qui dispersent les graines dans la campagne.

PORTE-BONHEUR

Autrefois, on offrait de l'aubépine aux mariés en signe de bonheur et on l'accrochait au-dessus du berceau des bébés pour les protéger.

On l'appelle aussi épine blanche.

Elle forme des haies de buissons épais, efficaces autour des pâturages. Elle est si jolie qu'on la plante aussi dans les jardins... mais gare à ses épines !

L'écorce gris argenté s'écaille.

J F M A M J J A S O N D

- Haies, lisière des bois et clairières, jardins, berges
- Plaines et montagnes, absente le long des côtes

LE SUREAU NOIR

Sambucus nigra

Le sureau est un arbrisseau qui atteint parfois la taille d'un petit arbre. Il est répandu partout, sauf en pleine forêt car il aime le soleil. Il est discret mais joli avec ses feuilles divisées en 5 folioles, ses fleurs blanc crème et ses fruits rouges qui deviennent noirs en mûrissant.

- Famille des caprifoliacées
- Feuilles caduques
- Hauteur : 2 à 7 m
- Âge : 100 ans

Le sureau a des rameaux creux. Un bois idéal pour fabriquer des flûtes !

La feuille est divisée en 5 folioles.

UNE LONGUE HISTOIRE

L'histoire du sureau ne date pas d'hier. Les hommes préhistoriques cueillaient ses baies pour les manger, les Grecs les utilisaient en médecine. De nos jours, on en fait des médicaments homéopathiques.

LES YEUX FERMÉS

Les fleurs sont agréablement parfumées, mais les feuilles sentent très mauvais lorsqu'on les froisse. Tu peux le reconnaître à son odeur les yeux fermés !

Les baies du sureau sont riches en vitamine C et très appréciées des oiseaux.

- Haies, clairières, le long des cours d'eau
- Plaines et collines

LE FUSAIN

Euonymus europaeus

C'est un arbuste fin et gracieux. Ses petites fleurs blanches ont des pétales si étroits qu'on ne les voit guère. Elles donnent en automne des fruits rose violacé en forme de capsule à 4 valves, s'ouvrant pour libérer des graines orange. Attention, elles sont très toxiques !

- Famille des célastracées
- Feuilles caduques
- Hauteur : 3 à 5 m
- Âge : environ 50 ans

TOXIQUE

BOIS CARRÉ

Regarde bien ses rameaux : ils sont verts et portent 4 lignes brunes en relief. On dirait qu'ils sont carrés. « Bois carré » est d'ailleurs un des noms du fusain.

Les feuilles sont opposées 2 à 2.

On l'appelle aussi « bonnet d'évêque », à cause de la forme curieuse de son fruit.

POUR LES ARTISTES

Le fusain noir que l'on utilise en dessin est du charbon fabriqué à partir de son bois.

J F M A M J J A S O N D

- Haies, clairières et lisière des bois, prairies
- Plaines et montagnes

LES ARBRES DES PARCS ET DES JARDINS

- LE GINKGO
- LE CÈDRE DU LIBAN
- L'IF
- LE BUIS
- LE PLATANE
- L'ÉRABLE ROUGE
- LE SAULE PLEUREUR
- LE MAGNOLIA À GRANDES FLEURS
- LE ROBINIER
- LE MARRONNIER
- LE TILLEUL
- LE CATALPA
- LE NOYER
- LE POMMIER
- LE PÊCHER

LE GINKGO

Ginkgo biloba

Voilà sans doute le plus vieil arbre du monde ! Les ginkgos existaient déjà il y a 160 millions d'années et formaient des forêts à l'époque des dinosaures. De nos jours, tu n'en verras que dans les parcs.

- Famille des ginkgoacées
- Feuilles caduques
- Hauteur : 20 à 30 m
- Âge : 200 ans en France

Ginkgo se prononce « ginko ». Ce nom bizarre vient du chinois *yin-kuo* qui veut dire « abricot d'argent ».

TOXIQUE

MÂLE OU FEMELLE ?

Les fleurs mâles et les fleurs femelles se trouvent sur des arbres séparés. Tu auras du mal à trouver des arbres femelles : on les plante rarement car les fruits sentent très mauvais. Et ils sont toxiques !

Les feuilles en éventail ne peuvent pas se confondre avec celles d'un autre arbre.

L'ARBRE AUX 40 ÉCUS

40 écus, c'est le prix du premier ginkgo de France acheté en 1780 par un habitant de Montpellier à un Anglais. À l'époque, c'était une somme fabuleuse ! Le nom d'arbre aux 40 écus lui est resté.

- Parcs, rues des villes
- Plaines

LE CÈDRE DU LIBAN

Cedrus libani

Cet arbre majestueux au tronc puissant étend ses branches largement, comme des bras ouverts. Ses feuilles sont des aiguilles réunies en rosette, qui ne tombent pas en hiver. Elles forment de grandes plaques vert foncé au-dessus des branches.

Le tronc du cèdre est court et puissant.

- Famille des pinacées
- Aiguilles persistantes
- Hauteur : plus de 40 m
- Âge : 300 à 500 ans, et plus

CÔNES PERSISTANTS

Les cônes mettent 2 ou 3 ans à mûrir. Une fois mûrs, ils s'ouvrent et perdent leurs écailles en restant accrochés à l'arbre. Chaque écaille libère 2 graines ailées.

En Europe, tu ne verras de cèdre que dans les parcs et les jardins.

Son bois précieux était utilisé dans l'Antiquité pour bâtir des temples et des palais.

L'EMBLÈME DU LIBAN

Il ne craint ni la sécheresse ni le froid et formait autrefois de vastes forêts dans les montagnes du Liban. L'arbre dessiné sur le drapeau du Liban est d'ailleurs un cèdre.

J F M A M J J A S O N D

- Parcs et jardins
- Montagnes, planté en plaine

L'if

Taxus baccata

Sais-tu que l'if est l'un des arbres les plus anciens de nos forêts ? Très abondant autrefois, il est devenu rare à l'état sauvage. Mais tu en trouveras dans les cimetières et dans les parcs, où on l'a planté car il se taille facilement en haies ou en buissons.

- Famille des taxacées
- Aiguilles persistantes
- Hauteur : 10 à 15 m
- Âge : plus de 1 000 ans

Les baies de l'if s'appellent des arilles.

Le poison contenu dans l'if, la taxine, est pourtant utile car il sert à fabriquer un médicament contre le cancer.

DU BOIS POUR LES ARMES

Autrefois, son bois était utilisé pour la fabrication d'arcs et de flèches. Son nom savant vient d'un mot grec qui signifie « arc ».

ATTENTION, DANGER !

Presque tout est toxique dans l'if : son écorce, son feuillage, et surtout les graines contenues dans ses baies. Les chevaux y sont très sensibles.

TOXIQUE

J F M A M J J A S O N D

- Jardins, cimetières, forêts
- Plaines et montagnes jusqu'à 1 600 m

LE BUIS

Buxus sempervirens

Avec son feuillage dense et sa petite taille, il forme des buissons qui se taillent facilement, en bordures naines, en forme d'animal ou en figures géométriques : ces buis sculptés s'appellent des topiaires. Les buis sont plantés dans les jardins, ils poussent naturellement dans les bois.

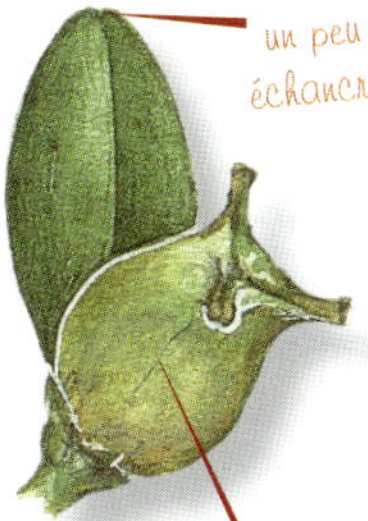

- Famille des buxacées
- Feuilles persistantes
- Hauteur : 4 à 8 m
- Âge : plusieurs centaines d'années

Son bois fin et dur se sculpte bien, par exemple pour faire des pièces de jeux d'échecs.

TOXIQUE

DANGER
La sève du buis contient une substance toxique qui provoque des vomissements. Ne mets pas de feuilles de buis dans ta bouche !

PATIENCE !
Pour sculpter un buis, entoure-le d'un grillage métallique de la forme voulue, puis taille régulièrement ce qui dépasse. Et prends patience... : il faut plus de 7 ans pour obtenir un résultat !

Tu auras du mal à voir les fleurs et les fruits sur les buis taillés.

J F M A M J J A S O N D

- Forêts, parcs et jardins
- Plaines et montagnes

LE PLATANE

Platanus x acerifolia

Il est grand, il fait beaucoup d'ombre, il pousse vite et il résiste bien à la pollution et aux élagages : quatre qualités qui font du platane un arbre idéal pour la ville. Il est planté le long des rues et dans les parcs.

- Famille des platanacées
- Feuilles caduques
- Hauteur : 35 à 40 m
- Âge : 300 à 400 ans

OUVRE L'ŒIL !

Ses feuilles ressemblent à celles des érables, mais elles sont insérées 1 par 1 sur les branches dans le cas du platane. Ses mini-graines poilues réunies en boule à l'allure de hérisson sont très différentes des graines ailées des érables !

TENUE DE COMBAT

L'écorce brun-gris du platane s'écaille, laissant apparaître des plaques jaunâtres. On dirait une tenue militaire de camouflage.

J F M A M J J A S O N D

- Parcs, allées, bord des routes
- Plaines

L'ÉRABLE ROUGE

Acer rubrum

Cet érable venu du Canada mérite bien le nom de « rouge » : ses fleurs minuscules sont rouge vif, ses rameaux et les pétioles des feuilles sont également rouges. Quant aux feuilles, vert clair dessus et argentées dessous, elles prennent une superbe teinte écarlate en automne.

- Famille des acéracées
- Feuilles caduques
- Hauteur : 20 à 30 m
- Âge : 100 à 200 ans

SON NOM

Le bois des érables servait à faire des lances dans l'Antiquité. C'est de là que vient leur nom latin *acer*, qui veut dire « pointu, perçant ».

Les Canadiens l'appellent d'un autre nom : « plaine rouge ».

Les écureuils se régalent de ses bourgeons au printemps.

Les feuilles sont opposées 2 à 2 sur le rameau.

ARBRE À SUCRE

La sève de l'érable rouge est moins abondante et moins sucrée que celle de l'érable à sucre, mais elle est parfois récoltée pour faire du sirop d'érable.

- Parcs et bord de l'eau
- Plaines et montagnes jusqu'à 1 000 m

LE SAULE PLEUREUR

Salix babylonica

Les saules aiment la lumière et l'eau, et ils ont besoin de beaucoup de place pour étendre leur belle ramure recourbée jusqu'au sol. Ils poussent généralement isolés au bord des lacs et des rivières, et dans les parcs.

- Famille des salicacées
- Feuilles caduques
- Hauteur : 10 à 15 m
- Âge : 100 ans

Son feuillage est très mobile.

Son bois blanc et léger sert à faire des allumettes et de la pâte à papier.

DES FRUITS RARES

Les saules portent presque uniquement des chatons mâles, et peu ou pas de chatons femelles. Ils ne donnent guère de graines, et se reproduisent par boutures.

Son nom savant *Salix* est un mot celte qui signifie « près de l'eau ».

SES COUSINS

Il existe de nombreuses espèces de saules, dont plusieurs sont utilisées en vannerie comme le saule des vanniers ou l'osier rouge.

J F M A M J J A S O N D

- Parcs, bord des lacs et des cours d'eau
- Plaines

LE MAGNOLIA À GRANDES FLEURS

Magnolia grandiflora

Il est impressionnant, avec sa somptueuse couronne d'un beau vert, ses grandes feuilles luisantes et ses énormes fleurs en forme de tulipe, qui peuvent atteindre 25 cm de diamètre. Elles fleurissent tout au long de l'été et dégagent un parfum délicieux.

- Famille des magnoliacées
- Feuilles persistantes
- Hauteur : 20 à 25 m
- Âge : jusqu'à 200 ans

Le dessous de la feuille est de couleur rouille.

La fleur possède 6 à 9 pétales blancs et 3 sépales de même couleur.

DRÔLE DE FRUIT

Les fruits tombent de l'arbre au printemps. Ramasses-en un : on dirait une pomme de pin, mais chaque « écaille » est un fruit entier qui se fend en long et renferme 2 grosses graines brun-rouge.

Tous les magnolias n'ont pas des feuilles persistantes en hiver. Ceux qui perdent leurs feuilles fleurissent au début du printemps.

J F M A M J J A S O N D

- Parcs et jardins
- Plaines

LE ROBINIER

Robinia pseudoacacia

TOXIQUE

Cet arbre inconnu autrefois en France est venu du Canada à la fin du XVIe siècle grâce à Jean Robin, botaniste du roi Henri IV, qui avait reçu des graines. Très résistant, il s'est bien acclimaté et il est maintenant répandu dans les villes et la campagne.

- Famille des fabacées
- Feuilles caduques
- Hauteur : 25 à 30 m
- Âge : 200 à 400 ans

Son bois qui pourrit difficilement sert à faire des traverses de chemin de fer et des piquets.

MIAM !

Ses fleurs très parfumées peuvent se manger en beignets. Les abeilles en font un miel délicieux. Mais ne t'avise pas de sucer ses feuilles ou ses graines : elles sont toxiques !

La feuille est composée de plusieurs folioles à bord lisse.

SON NOM

C'est en l'honneur de Jean Robin qu'il porte le nom de robinier. On l'appelle aussi faux acacia. Les vrais acacias sont plus proches des mimosas.

- Parcs, le long des rues, bois
- Plaines et montagnes

LE MARRONNIER

Aesculus hippocastanum

Tu connais certainement cet arbre, il y en a peut-être dans la cour de ton école. Avec ses feuilles divisées en 5 ou 7 grandes folioles, il abrite bien du soleil et de la pluie, et il est magnifique au printemps avec ses fleurs en forme de sapin de Noël.

- Famille des hippocastanacées
- Feuilles caduques
- Hauteur : 20 à 30 m
- Âge : 200 ans et plus

LE SAVAIS-TU ?

La grosse graine qui se cache dans la bogue verte est d'un beau brun brillant. Au XVIIe siècle, un savant appelé Buffon a décidé de donner le nom de « marron » à cette couleur.

ERREUR !

Les marrons glacés que l'on mange à Noël ne sont pas des marrons, mais des châtaignes. Les marrons ne sont pas comestibles.

J F M A M J J A S O N D

- Parcs, avenues
- Plaines

LE TILLEUL

Tilia vulgaris

Quel feuillage impressionnant ! Le tilleul fournit une ombre appréciée sur les places et le long des allées, mais il faut couper ses branches régulièrement pour qu'il ne prenne pas trop de place. Il a des feuilles en forme de cœur, avec des touffes de poils duveteux au départ des nervures.

- Famille des tiliacées
- Feuilles caduques
- Hauteur : 30 à 40 m
- Âge : 400 à 800 ans

Le miel de tilleul est doux et parfumé.

Il fournit un bois tendre très apprécié des sculpteurs.

Son écorce est finement striée en long.

LE SAVAIS-TU ?

Son écorce fournit des fibres souples et résistantes qui servaient autrefois à fabriquer des cordages, des nattes, et même des sandales.

L'ARBRE À TISANE

Les fleurs du tilleul dégagent un parfum délicieux. Cueillies au début de l'été et séchées, elles servent à faire des tisanes apaisantes.

J F M A M J J A S O N D

- Parcs et jardins, le long des allées, forêts
- Plaines et montagnes jusqu'à 1 600 m

LE CATALPA

Catalpa bignonioides

Tout est grand chez le catalpa : il a des feuilles énormes de 30 cm de large, des fleurs en doigt de gant de 5 cm, des fruits minces et très longs. C'est un bel arbre qui est souvent planté dans les parcs et les jardins pour son ombre.

- Famille des bignoniacées
- Feuilles caduques
- Hauteur : 10 à 15 m
- Âge : environ 100 ans

Les feuilles froissées dégagent une odeur désagréable.

UN NOM INDIEN

Il est originaire d'Amérique du Nord et porte un nom indien : en langue cherokee, *catalpa* veut dire « haricot ».

L'ARBRE AUX HARICOTS

Son fruit a la forme d'un haricot qui bat des records de longueur : jusqu'à 50 cm ! Il contient des petites graines noires munies de poils blancs aux 2 extrémités.

J F M A M J J A S O N D

- Parcs, jardins, le long des rues
- Plaines

LE NOYER

Juglans regia

C'est un très bel arbre, qui pousse isolé dans les champs car il a besoin de beaucoup de lumière. On le plante dans les jardins et les vergers pour ses noix délicieuses. Fraîches ou sèches, en pâtisserie ou en confiserie, quel régal ! Elles donnent également une huile très parfumée.

- Famille des juglandacées
- Feuilles caduques
- Hauteur : 25 à 35 m
- Âge : 150 à 200 ans

Le noyer fournit un très beau bois utilisé pour fabriquer des meubles.

INDÉLÉBILE

La noix est encore cachée dans son enveloppe (brou) ? Retire-la... et regarde tes doigts. Ils sont tachés de brun ! Le brou contient un colorant foncé utilisé pour teinter les meubles.

Si tu froisses une feuille de noyer, elle dégage une odeur forte, un peu âcre.

PAS SYMPA

Inutile de planter des fleurs ou des légumes près d'un noyer ! Rien ne pousse, car ses racines et ses feuilles fabriquent une substance, la juglone, qui empêche la croissance d'autres plantes.

- Champs, vergers
- Plaines et montagnes

LE POMMIER

Malus domestica

Les pommiers sont probablement les premiers arbres cultivés. Les hommes préhistoriques mangeaient les petites pommes sauvages, très âcres ! De nos jours, on préfère les pommes des vergers : il en existe des milliers de variétés, acidulées ou douces, mais toujours succulentes.

- Famille des rosacées
- Feuilles caduques
- Hauteur : 8 à 10 m
- Âge : plus de 100 ans

LONGUE VIE !

Les Anglais disent que, pour vivre vieux, il faut manger une pomme chaque jour. Plutôt agréable, comme remède ! Crues ou cuites, en légume ou en dessert, tu as le choix.

On fait du cidre avec les pommes... une boisson rafraîchissante mais alcoolisée ! Choisis plutôt le jus de pomme ou le cidre sans alcool.

LE SAVAIS-TU ?

Les fleurs de pommier ont besoin du pollen venant d'un autre arbre pour être fécondées et donner un fruit. Les abeilles et le vent ont leur rôle à jouer !

Les pépins de la pomme sont ses graines.

J F M A M J J A S O N D

- Vergers
- Plaines et montagnes

LE PÊCHER

Prunus persica

Le pêcher appartient au genre *Prunus* qui réunit des arbres fruitiers aussi différents que les pruniers, les abricotiers, les cerisiers, les amandiers. Ils ont tous des feuilles ovales et finement dentées, plus ou moins allongées… et ils donnent des fruits délicieux.

- Famille des rosacées
- Feuilles caduques
- Hauteur : 4 à 5 m
- Âge : 20 ans

MIAM !

Les nectarines et les brugnons sont des variétés de pêches à la peau lisse, alors que la pêche est veloutée. Ces fruits ont une chair juteuse et sucrée, entourant un noyau pointu et ridé.

Le noyau de la nectarine se détache bien, le noyau du brugnon est difficile à séparer de la chair.

UN FRUIT ROYAL

Il est originaire de Chine. C'est Alexandre le Grand qui l'a introduit en Europe au IVe siècle av. J.-C. Louis XIV en était très friand et fit développer la culture des pêchers dans ses jardins.

J F M A M J J A S O N D

- Vergers
- Plaines

LES ARBRES DU MIDI

- LE PIN PARASOL
- LE PIN MARITIME
- LE CYPRÈS
- LE MICOCOULIER
- LE CHÊNE-LIÈGE
- LE CHÊNE KERMÈS
- LE MIMOSA
- L'ARBRE DE JUDÉE
- LE FIGUIER
- L'OLIVIER
- L'EUCALYPTUS
- LE MYRTE

LE PIN PARASOL

Pinus pinea

Avec sa forme en parasol, il porte bien son nom ! Et comme les parasols, il donne beaucoup d'ombre, aussi le verras-tu souvent près des maisons. On apprécie tout autant ses graines, les pignons. Mets-en quelques-unes dans une salade ou sur un gâteau, et régale-toi !

- Famille des pinacées
- Aiguilles persistantes
- Hauteur : 20 à 25 m
- Âge : 250 ans

On le plante parce qu'il est beau, pour fixer le sable des dunes et pour son bois utilisé en menuiserie.

Ce sont les Romains, grands amateurs de pignons, qui ont introduit les pins parasols en Provence.

DE LONGUES AIGUILLES

Elles mesurent jusqu'à 20 cm de long. Elles sont groupées par 2 et vivent 3 ou 4 ans avant de tomber.

LE CÔNE

Son cône est gros, arrondi, brun luisant, long à s'ouvrir : il ne libère ses graines qu'au bout de 3 ans.

J F M A M J J A S O N D

- Bois, près des maisons, sols sablonneux
- Méditerranée

LE PIN MARITIME

Pinus pinaster

Les pins maritimes aiment la douceur du climat et l'humidité des bords de mer. Les pins de la côte méditerranéenne sont de proches cousins de ceux de la côte atlantique. En Aquitaine, dans le Sud-Ouest, ils ont été plantés en grande quantité pour fixer le sable.

- Famille des pinacées
- Aiguilles persistantes
- Hauteur : 20 à 30 m
- Âge : 200 ans

Les longues aiguilles vert foncé et luisantes sont groupées par 2.

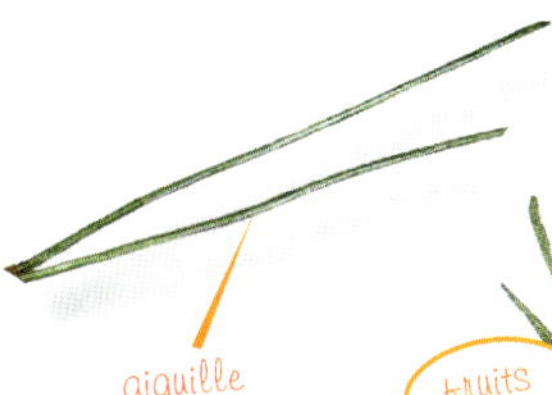

GARE AU FEU

En Provence et en Corse, les pins maritimes sont très sensibles aux incendies de forêt. Chaque année, des centaines d'hectares sont détruits par le feu.

LA GEMME

Sa résine, ou gemme, était récoltée pour fabriquer de la poix à colmater les bateaux et de la térébenthine. De nos jours, on utilise plutôt son bois, en menuiserie et pour faire de la pâte à papier.

La forêt des Landes de Gascogne, en majorité des pins, couvre plus de 1 million d'hectares !

J F M A M J J A S O N D

- Bord de mer, dunes, landes
- Méditerranée et côte atlantique

LE CYPRÈS

Cupressus sempervirens

Près des maisons, dans les cimetières ou le long des cultures où il forme des haies pour couper le vent, ce bel arbre en forme de pinceau, au feuillage vert foncé, fait partie des paysages provençaux. Il est venu d'Asie Mineure il y a des milliers d'années.

- Famille des cupressacées
- Feuilles persistantes
- Hauteur : 20 à 25 m
- Âge : 250 à 600 ans

Froisse un rameau de cyprès dans ta main : les feuilles dégagent une bonne odeur de résine.

DRÔLES DE FEUILLES

Les écailles couvrant les rameaux du cyprès sont des feuilles minuscules, très serrées. Il y en a 45 à 50 millions pour un seul arbre !

LE BOIS ÉTERNEL

Pendant longtemps on a cru que son bois ne pourrissait jamais : le cyprès « toujours vert » était aussi immortel ! Les Égyptiens l'utilisaient pour fabriquer des sarcophages.

J F M A M J J A S O N D

- Jardins, cimetières, haies coupe-vent
- Dans tout le Midi, en plaine

LE MICOCOULIER

Celtis australis

Le micocoulier aime la chaleur et la lumière et pousse surtout dans le Midi, en plaine et en basse montagne jusqu'à 900 mètres d'altitude. C'est un arbre gracieux, qui orne les jardins et les places des villages où il fournit une ombre agréable.

- Famille des ulmacées
- Feuilles caduques
- Hauteur : 20 à 25 m
- Âge : 500 à 600 ans

SON FRUIT

Il s'appelle micocoule et il est comestible, mais ne te précipite pas pour y goûter : il n'est pas plus gros qu'un pois et sa chair mince est un peu sèche, douceâtre… Pas fameux !

DRÔLES DE NOMS

Le micocoulier porte d'autres noms : falabreguier, fabrecoulier, fanabrigou ou bois de Perpignan.

Son bois est résistant et souple, il sert à fabriquer des manches d'outils, des avirons, des fouets.

J F M A M J J A S O N D

- Jardins, bord des routes
- Provence, Languedoc, Corse

Le Chêne-Liège

Quercus suber

Il aime la lumière et la chaleur, redoute le froid, et pousse en compagnie des chênes verts et des pins maritimes en Provence. Plutôt petit en France, il peut atteindre 30 m de haut en Afrique du Nord et au Portugal où il vit plus vieux : le climat de ces pays lui convient mieux.

- Famille des fagacées
- Feuilles persistantes
- Hauteur : 10 à 15 m
- Âge : 250 à 300 ans

Tu entendras parfois appeler le chêne-liège durier, corcier, sioure ou alcornoque. Des noms plutôt bizarres !

Des feuilles coriaces

Ses feuilles sont petites et dures, vert foncé sur le dessus, gris blanchâtre dessous. Leur bord est garni de dents écartées et pointues.

Le liège est léger, très isolant, et sert notamment à fabriquer des bouchons.

Le liège

L'écorce épaisse et spongieuse du chêne-liège est récoltée au-dessous des premières branches, tous les 10 ans environ. L'écorce se reforme après chaque récolte, mais les arbres exploités vivent moins vieux.

J F M A M J J A S O N D

- Terres boisées
- Provence, bassin méditerranéen et Portugal

LE CHÊNE KERMÈS

Quercus coccifera

Avec moins de 4 m de haut, c'est le plus petit des chênes ! Il pousse lentement, mais vit très vieux. Cet arbrisseau se plaît dans la garrigue provençale, au sol sec et pierreux, où il forme des fourrés impénétrables. Les animaux évitent de brouter son feuillage hérissé de piquants.

- Famille des fagacées
- Feuilles persistantes 2 ans
- Hauteur : 1 à 3 m
- Âge : 250 à 300 ans

OUILLE !
Évite de t'y frotter... Ses feuilles coriaces sont bordées de dents épineuses, fines et rigides. Et la cupule du gland est aussi piquante !

ROUGE COCHENILLE
Le « kermès », ou cochenille, est un insecte parasite, qui forme des verrues, appelées galles, sur ses rameaux. On en tire une très belle teinture rouge.

Le mot « kermès » vient de l'arabe *al'qirmiz* qui signifie « ver » ou «cochenille».

J F M A M J J A S O N D

- Garrigue, terrains pierreux
- Bassin méditerranéen

LE MIMOSA

Acacia dealbata

Avant même que l'hiver soit terminé, il explose de couleurs, comme un soleil. Sais-tu que chaque petite boule jaune est formée d'une trentaine de minuscules fleurs ? Ce sont les longues étamines dorées qui lui donnent cet aspect duveteux.

- Famille des mimosacées
- Feuilles persistantes
- Hauteur : 8 à 12 m
- Âge : moins de 50 ans

Il est cultivé sur la Côte d'Azur, mais il se plaît aussi sur la côte atlantique jusqu'en Bretagne.

LE SAVAIS-TU ?

En France, les premiers mimosas, importés d'Australie au début du XIXe siècle, ont été plantés dans le jardin de Malmaison pour l'impératrice Joséphine.

BONNE NUIT !

Les feuilles vert argenté sont d'une finesse extraordinaire, avec chacune 20 à 30 folioles elles-mêmes divisées en très nombreuses folioles plus petites. Elles se replient la nuit venue.

J F M A M J J A S O N D

- Forêts et jardins
- Méditerranée et côte atlantique

L'ARBRE DE JUDÉE

Cercis siliquastrum

Au mois d'avril, avant que ses feuilles ne sortent, ce petit arbre tortueux se couvre de fleurs rose vif très parfumées. Il est magnifique ! Regarde les fleurs d'un peu plus près : elles sont curieusement accrochées directement sur les branches et même sur le tronc.

- Famille des césalpiniacées
- Feuilles caduques
- Hauteur : 6 à 10 m
- Âge : 100 ans

AU SOLEIL

Il aime la chaleur et les terrains secs, et pousse dans le Midi. Mais il est si joli que tu en trouveras parfois plus au nord, dans les jardins bien abrités du vent.

Les gousses restent sur l'arbre après la chute des feuilles.

UNE LÉGENDE

Il porterait le nom d'arbre de Judée, ou de Judas, car, selon la légende, Judas se serait pendu à ses branches après avoir trahi Jésus-Christ.

J F M A M J J A S O N D

- Sols caillouteux et secs
- Plaines du Midi, planté dans les jardins dans le Nord

LE FIGUIER

Ficus carica

Il n'est pas haut, mais imposant avec sa couronne de feuillage qui s'étale largement : elle peut couvrir une surface de 100 m² ! Ses feuilles sont grandes, épaisses, découpées en gros lobes. Si tu en cueilles une, tu verras s'écouler un suc laiteux, toxique.

- Famille des moracées
- Feuilles caduques
- Hauteur : 4 à 6 m
- Âge : plusieurs siècles

INVISIBLES

Les fleurs du figuier ne se voient pas, elles sont enfermées dans une enveloppe charnue qui deviendra la figue. Les fruits se cachent à l'intérieur de la même enveloppe.

UN TRÈS VIEUX FRUIT

Dans les tombeaux égyptiens du temps des pharaons, on voit des peintures représentant la cueillette des figues. Le figuier est l'un des plus anciens arbres cultivés.

Pour se reproduire, le figuier a besoin de l'aide d'une guêpe minuscule qui vit dans ses fleurs.

J F M A M J J A S O N D

- Friches, garrigues, bois
- Bassin méditerranéen, Sud-Ouest et Bretagne

L'OLIVIER

Olea europaea

Avec son feuillage gris-vert aux reflets argentés qui ne tombe pas en hiver et son tronc tortueux, l'olivier fait partie du paysage provençal. Il a la réputation d'être éternel car il peut vivre des milliers d'années. Lorsque son tronc est abattu, des rejets repartent vigoureusement à sa base.

L'ARBRE DE LA PAIX

La Bible raconte qu'une colombe rapporta un rameau d'olivier à Noé pour lui annoncer la fin du Déluge. Depuis l'Antiquité, il est le symbole de la paix.

- Famille des oléacées
- Feuilles persistantes
- Hauteur : 10 à 15 m
- Âge : plusieurs milliers d'années

LE PLUS VIEIL ARBRE CULTIVÉ ?

L'olivier était déjà cultivé aux temps préhistoriques. On utilise son bois, ses fruits pressés pour obtenir une huile de qualité, et ses feuilles pour fabriquer des médicaments.

Un petit verger d'oliviers s'appelle une olivette, une grande plantation est une oliveraie.

- Sol rocailleux
- Bassin méditerranéen

L'EUCALYPTUS

Eucalyptus globulus

Bizarre, ce grand arbre qui ne fait pas d'ombre ! Regarde ses feuilles, elles sont étroites et elles pendent verticalement, laissant passer les rayons du soleil. Il a de drôles de fleurs en forme de toupie, protégées par un couvercle qui se soulève lorsqu'elles s'épanouissent.

- Famille des myrtacées
- Feuilles persistantes
- Hauteur : 30 à 40 m
- Âge : plusieurs siècles

Il est cultivé pour assécher les marais et fabriquer de la pâte à papier.

UN GÉANT AUSTRALIEN

L'eucalyptus a été découvert en Australie lors d'un voyage du capitaine Cook. Dans ce pays, il peut dépasser 100 m de haut ! C'est un des plus grands arbres du monde.

La substance contenue dans ses feuilles est efficace contre les problèmes respiratoires et comme désinfectant.

ANTIMOUSTIQUES

Dans les pays chauds, on le plante près des habitations car l'odeur très spéciale de ses feuilles fait fuir les moustiques.

J F M A M J J A S O N D

- Rivages méditerranéens, maquis, forêts
- Côte d'Azur, Corse, Afrique du Nord

LE MYRTE

Myrtus communis

Il embaume le maquis et les forêts de pins de Provence et de Corse. Quel parfum ! Ses fleurs blanches, ses feuilles et même ses rameaux sentent délicieusement bon. Conseille à tes parents d'ajouter des branches de myrte à la braise du barbecue, les grillades seront encore meilleures.

- Famille des myrtacées
- Feuilles persistantes
- Hauteur : 2 à 3 m
- Âge : 50 à 100 ans

Dans les pays du Proche-Orient, les jeunes filles portent une couronne de myrte le jour de leur mariage.

SON NOM

« Myrte » vient d'un mot grec très ancien qui signifie « parfum liquide ». C'était l'un des parfums les plus appréciés de l'Antiquité.

DANS LES JARDINS

Son feuillage épais, d'un joli vert, se taille bien. Il peut être planté dans un jardin, en buisson ou en haie. Les oiseaux, qui se régalent de ses baies, apprécient !

J F M A M J J A S O N D

- Maquis et garrigues, forêts de pins
- Corse, Provence

INDEX

DANS LA MÊME COLLECTION

- Les arbres
- Les champignons
- Les fleurs sauvages
- Les petites bêtes

ILLUSTRATIONS

Illustrations naturalistes : Catherine Fichaux

Petits personnages : Lukino

Cet ouvrage a été réalisé par les éditions Milan avec la collaboration de Michel Luchesi.

Montage maquette : Julie Bethous

www.editionsmilan.com

Loi 49.956 du 16.07.1949

ISBN : 978-2-7459-2872-6

Dépôt légal : 3e trimestre 2007

Imprimé en France - L44332B